2022 年江苏省主题出版重点出版物

水韵江苏 · 河湖印记丛书

运河记忆

《水韵江苏 · 河湖印记丛书》编委会 编

河海大学出版社
HOHAI UNIVERSITY PRESS
· 南京 ·

图书在版编目(CIP)数据

运河记忆 /《水韵江苏·河湖印记丛书》编委会编
. -- 南京 : 河海大学出版社, 2022.12
(水韵江苏·河湖印记丛书)
ISBN 978-7-5630-8168-4

Ⅰ. ①运… Ⅱ. ①水… Ⅲ. ①大运河-介绍-江苏
Ⅳ. ①K928.42

中国国家版本馆 CIP 数据核字(2023)第 008576 号

书　　名	水韵江苏·河湖印记丛书. 运河记忆 SHUIYUN JIANGSU. HEHU YINJI CONGSHU. YUNHE JIYI
书　　号	ISBN 978-7-5630-8168-4
策划编辑	朱婵玲　张心怡
责任编辑	彭志诚　章玉霞
责任校对	吴　淼
特约校对	夏无双
装帧设计	徐娟娟　孙悦添
图文制作	金网线图文工作室
出版发行	河海大学出版社
地　　址	南京市西康路 1 号(邮编:210098)
电　　话	(025)83737852(总编室) (025)83722833(营销部)
经　　销	江苏省新华发行集团有限公司
印　　刷	南京迅驰彩色印刷有限公司
开　　本	889 毫米 × 1194 毫米　1 / 16
印　　张	11.375　　插　　页　4
字　　数	107 千字
版　　次	2022 年 12 月第 1 版
印　　次	2022 年 12 月第 1 次印刷
定　　价	96.00 元

丛书编委会

分册编写组

主　　编　张劲松

副 主 编　张　明　曹　瑛

执行主编　孔莉莉

本册编写　徐建建　王新儒　陈　龙　何健峰　刘冬山

王建春　孙文昀　姚枝彤

前言

江苏因水而兴、因水而盛、因水而名,水是江苏的亮丽名片,也是江苏最鲜明的自然与人文符号。作为江海拥依、淮运贯穿、湖库繁翠的多水之地,河流湖泊滋养着江苏大地,擦亮了“水韵江苏”的地域文化品牌。在这片土地上,有太多的水利印记值得我们神游,有太多的河湖故事值得我们一读。

什么样的景观最打动人心?是雄伟绵延的建筑群呢?还是桃红柳绿的生态园林?有这样一批大地景观,它们的创造者是无数水利规划师、工程建设师,他们在10万多平方公里的地理尺度上布局河流、工程,既顺应自然,又利用自然,塑造了最具魅力、最有代表性的形象标识。这些景观不仅仅有水的滋育,更有文化的积淀,我们形象地称之为“水地标”。我们期待读者通过阅读《最美水地标》一书,用一种全新的角度去认知江苏的江河湖海、江苏的水。

滔滔奔流了两千多年的大运河，是中华民族独特的活态文化遗产，它见证岁月变迁，赓续中华文脉，是江苏的“美丽中轴”。古老运河在新时代需要以新的方式打开，江苏水利人借鉴“最美水地标”推选活动，于2018年联合多部门开展了“寻找大运河江苏记忆”活动，推出40个“最美运河地标”。我们尝试通过《运河记忆》一书来揭示千年深远时光中那些历久弥新的治水记忆。

如果想要深度体验和感受江苏的河湖水韵魅力，那么《水景印象》是读者不错的选择。我们按照水系脉络，串联起江苏特色水景观呈现给大家。它们有的湖面开阔、一览无余；有的湖中有岛、岛中有水；有的河流曲折、古桥跨越；有的水系变迁、环绕城廓；有的历史悠久、文化灿烂；有的菜花盛开、湿地摇橹；有的水产丰富、日出斗金；有的大堤挡洪，湖、堤、路、车相伴，招徕四面宾朋；有的大坝蓄水，山、水、村、人和谐，引来八方游客。借由这15条水利风景区精品线路，全方位描绘出一幅幅人水和谐相处的生动画卷。

江苏水文化源远流长，在创造了水利基础建设辉煌成就的同时，也促进了江苏水文化的大繁荣。长江水如何北上滋润齐鲁？抢险救灾如何实施？饮用水从何而来……若要探究这些问题，那么《水情教育基地》一书所收录的基地值得读者前去"打卡"，在可观、可知、可感中，让河湖文化成为大众的文化滋养。

《水韵江苏·河湖印记丛书》包括《最美水地标》《运河记忆》《水景印象》《水情教育基地》4册，书中所述是江苏河湖治理成就的浓缩和印记，也希望给不曾到过江苏的读者留下心生向往的印记。在丛书集结出版过程中，我们得到了许多领导、专家的帮助和指导，获得了许多志愿者的协助和支持，在此一并致谢，恕不一一列举。由于时间紧迫，书中内容难免有错误或遗漏，敬请读者不吝指正，以期更好。

编者

2022年12月

目录

运河记忆

水韵江苏·河湖印记丛书

南京

胥河

（高淳段）

胥河，又名胥溪河。胥河西起南京市高淳区固城湖口，东至溧阳朱家桥，全长30.6公里，连通长江支流青弋江、水阳江和太湖两个流域。周敬王十四年（前506）吴王阖闾伐楚，相传吴王采用伍子胥计谋，开凿今东坝一段“三五里颇高阜”并连贯江南一些自然水道而成此河。后人为了纪念伍子胥，就把这条人工河取名为胥河。它是中国现有记载的最早的运河，也是世界上开凿最早的运河，并且至今仍在发挥航运作用。

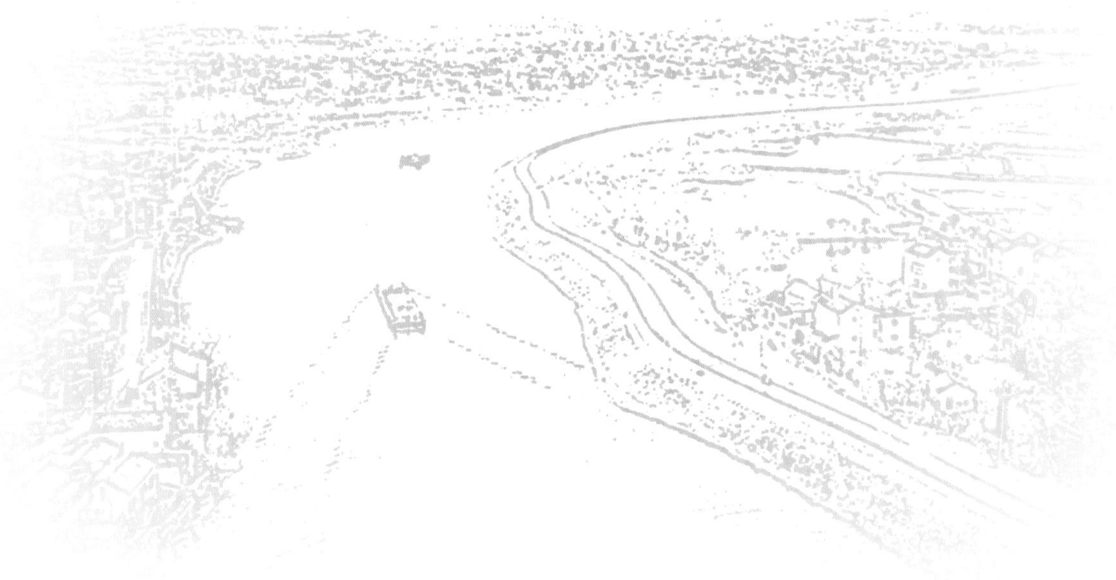

不同视角下的胥河高淳段

老闸

上图　胥河高淳段双桥并行
下图　胥河河道新貌

溧水胭脂河

（含天生桥套闸）

——明代南京都城漕运的“咽喉”

胭脂河为明代初年朱元璋定都南京后，命崇山侯李新凿开胭脂岗，挖出的一段人工运河，从水阳江流域过来的船只得以进入秦淮河上游直达都城南京。胭脂河工程需要在一条长约 5 公里、高 25~30 米的胭脂石岗上开凿，在爆破技术不发达的古代，工程难度极高。在开凿过程中，建造者巧妙地将两处石质最硬、地势最高的地方留下来作为桥，将巨石下方凿开石孔以通舟楫，造就了天生桥这一鬼斧神工般的奇观。天生桥景区依托胭脂河进行建设，在这里，既可赏胭脂水景、小三峡等自然风光，又可览天生桥、节制闸、枕腰石、凤凰井等众多现代或历史景观。景区内的天生桥博物馆，设计风格独特，体现出浓厚的地域文化气息。

左图　最美胭脂河

右上图　胭脂河游船

右下图　胭脂河秋色

上图　20 世纪 70 年代的胭脂河
下图　20 世纪 70 年代刚开通时的天生桥闸
右图　天生桥套闸南侧

天生桥套闸全景

天生桥

天生橋

运河记忆

水韵江苏·河湖印记丛书

无锡

无锡惠山古镇

惠山古镇与大运河之间由惠山浜相连。惠山浜又名寺塘泾，长 1500 多米，清朝时期康熙、乾隆皇帝下江南时，各七次巡幸惠山，惠山浜是他们乘船经过的黄金水道。明朝张岱《陶庵梦忆》载惠山古街景观："无锡去县北五里为铭（锡）山。进桥，店在左岸，店精雅，卖泉酒、水坛、花缸、宜兴罐、风炉、盆盎、泥人等货。"惠山古镇依托的惠山及东峰锡山，是人文积淀特别深厚的地方，有惠山寺、天下第二泉、寄畅园、春申涧、龙光塔等景观。

鸟瞰惠山古镇

东岳行庙

后乐堂

无锡环城古运河

（含中国民族工商业博物馆、黄埠墩）

无锡环城古运河——大运河沿线唯此一“环”，是无锡母亲河。历史上，由吴王夫差开挖的古运河穿过无锡城区，被称为城中直河。宋代后期，随着漕运越来越繁忙，漕运船逐步从羊腰湾过莲蓉桥入古运河北段，尤其是明代嘉靖三十三年（1554），王其勤为抗倭建筑了完整的城墙后，无锡运河完全改道从羊腰湾通行。王其勤在修筑城墙时，还开挖了西水墩至南门的护城河，这条河以最短的距离连接了古运河与梁溪河，使得无锡城南北之间又有了一条宽敞便捷的航道，令无锡运河呈现“抱城而过”之势。中华人民共和国成立后，无锡大运河改道从黄埠墩西侧向西南穿过梁溪河到外下甸桥入古运河，原东西古运河则逐步退出航运舞台。今天保留下来的无锡环城古运河，是中国大运河沿线唯一的“环城河”，具有重要的历史、美学、文化价值。

环城古运河

黄埠墩，又称“小金山”，地处江苏无锡吴桥以南、大运河中心，墩小而圆，建筑面积约220平方米，因春申君（黄歇）曾在此疏治芙蓉湖而得名，岛上有寺，香火点点。黄埠墩北为双河口，南为江尖渚。

不同角度的黄埠墩实景

左图　华灯初上的古运河
右图　中国民族工商业博物馆

无锡清名桥历史文化街区

清名桥“水弄堂”——运河绝版地

“千年运河韵味在无锡”，其中由清名桥及沿河建筑构成的“运河水弄堂”是最佳体现。清名桥始建于明万历年间，由无锡寄畅园园主秦耀之子秦太清、秦太宁出资修建，是锡城古运河上规模最大、最古老、保存最完整的单孔石拱桥。以清名桥为核心，北起跨塘桥，南抵南水仙庙，该段古运河长1500多米，两岸由鳞次栉比的明清建筑和近代建筑夹峙而成“水弄堂”，保存着江南水乡、运河人家之粉墙黛瓦、木格门窗、前店后坊、屏门隔断，几乎家家都有水码头的特点，令人发出“运河绝版地”之叹。

左图　古韵清名桥
右图　梦幻清名桥夜景

运河记忆

水韵江苏·河湖印记丛书

徐州

徐州窑湾古镇

江苏徐州的窑湾古镇，西依大运河，东临骆马湖，素有“东望于海，西顾彭城，南瞰淮泗，北瞻泰岱”之说。古诗有云：“日过桅帆千杆，夜泊舟船十里。”窑湾古镇是历史上有名的“黄金水道金三角”。至民国初期，古镇上常驻人口约3万人，流动人口约1.5万人，故又有“小上海”之称。

依托水运优势，窑湾古镇逐渐发展成为江苏运河上的重要码头和商业重镇。在明清漕运鼎盛时期，窑湾作为南北水陆要津，往来船只络绎不绝，工商贸易曾盛极一时。2010年11月，窑湾古镇被中国大运河网评为“最美运河十景”第二名。

窑湾古

北门锁钥

运河畔的窑湾古镇

京杭运河湖西段

（含蔺家坝船闸、南水北调蔺家坝泵站）

京杭运河湖西段是一条位于微山湖西侧的水上航线，位于苏、鲁两省交界处，全长57公里，北起二级坝微山船闸，南至蔺家坝船闸，原来的航道等级为六级，每到枯水季节，航道断航、船舶搁浅滞留现象时有发生，成为京杭大运河苏北段的“瓶颈”。经过两期疏浚整治，该航道由原来的60米拓宽到110米，2000吨船舶在苏北运河畅行无阻，由此南下直达长江，通向大海。

徐州蔺家坝船闸是京杭大运河江苏段的航运北大门。由此向北，经湖西航道上接微山湖；由此向南，经不牢河下连中运河，一路经过宿迁、淮安、扬州直达长江。江苏的“北煤南运”90%依靠大运河，这条交通大动脉，在今天仍然流金淌银。

京杭运河湖西段还是南水北调工程江苏段的重要河段。从扬州的长江边到徐州的微山湖畔，落差高达31米，相当于11层楼的高度，南水北调就是要通过一级级泵站，克服重力让水倒流。湖西段上的蔺家坝泵站是第九级也是江苏境内最后一级泵站，站内安装有4台灯泡式贯流泵，设计流量为75米^3/秒，主要任务是向南四湖及以北地区供应城市生活和工业用水，并改善南四湖西的排涝条件。

】 徐州蔺家坝泵站

】 京杭运河湖西段及蔺家坝船闸

徐州港

“港为城用、港以城兴”，处于汴、泗二水与大运河交汇优越地理位置的徐州（古彭城），在西汉初就成为山东和江淮流域通往中原的水运枢纽，始终为我国“漕盐运”之要津，水运事业相当繁荣。根据2004年10月中华人民共和国交通部（现交通运输部）发布的全国主要港口名录公告，徐州港是我国28个内河主要港口之一，包括徐州、邳州、丰县、沛县、新沂和睢宁六大港区，在国家“北煤南运”和“西煤东运”战略中发挥着重要的中转枢纽作用，正向着“一带一路”沿线内河开放枢纽大港的目标昂首迈进。

上图　徐州港区顺堤河作业区鸟瞰图
下图　建设中的顺堤河作业区码头

上图　20 世纪 80 年代初期沛县码头
下图　20 世纪 80 年代末沛县港建成

水韵江苏·河湖印记丛书

运河记忆

常州

常州三杰纪念馆

作为中国革命的先驱者，瞿秋白、张太雷、恽代英被并称为“常州三杰”。他们生长于常州大运河边，从马列主义中汲取精神食粮，在长期的革命斗争中成长为中国共产党的早期重要领导人，为中华人民共和国的建立作出了卓越贡献。

常州三杰纪念馆

常州天宁寺

天宁寺始建于唐贞观、永徽年间，距今已有1000多年历史，素有“东南第一丛林”之美誉。乾隆皇帝曾三次来该寺礼佛，并亲笔题写了“龙城象教”匾额。于2007年开光的天宁宝塔，为世界最高佛塔，享“神州大佛塔”之称。天宁寺梵呗唱诵响彻千年，被列为国家级非物质文化遗产项目。

常州天宁寺

常州青果巷

青果巷有着“江南名士第一巷”的美誉，与世界文化遗产古运河毗邻而居，一派江南水乡之风韵。青果巷古时船舶云集，后渐为名宦巨绅、文人雅士聚居地，书风盈巷，道在瓦甓，宋元以降走出了近百名进士和一大批文才武略、享誉中外的名士大家。青果巷古为常州文脉福地，今成运河颜值担当。

左图　青果巷巷口牌坊
右图　青果巷水乡风韵

进士坊

青果巷一隅

常州运河五号

清末民初，常州的民族工业依托于运河布局发展，电力、纺织、机械、食品等近代工业迅速崛起，奠定了常州繁荣经济的坚实基础。常州独特的运河工业遗存，是我国近代工业的缩影，承载了不可复制的城市记忆。如今，我们依然能在运河五号、南港码头、中车戚墅堰机车车辆工艺研究所等地找寻到先辈们追梦奋进的足迹。

上图　运河五号创意街区

下图　运河五号码头

运河记忆

水韵江苏·河湖印记丛书

苏州

苏州宝带桥

宝带桥又名长桥，傍京杭运河西侧，跨澹台湖口。桥长316.8米，桥含53孔，为我国现存最长的多孔石拱桥，是中国历史悠久的古桥之一。宝带桥始建于唐朝，为加快转运贡物北上进京，苏州刺史王仲舒取所束宝带以助建桥，故以“宝带”命名。

鸟瞰宝带桥

左图　宝带桥、斜港大桥双桥并行
右图　“长虹卧波”宝带桥

中国大运河遗产点

苏州全晋会馆

中国昆曲博物馆——全晋会馆，游园惊梦

由清朝晋商在古运河畔集资建造的全晋会馆，是运河南北经济文化交流的重要见证。现今全晋会馆已被改为中国昆曲博物馆，馆内的戏楼、穹窿藻井等精巧构造与昆曲独特深厚的美学传统珠璧交辉，更加彰显出独具神韵的东方风格。

左图　全晋会馆大门
右图　全晋会馆戏台

中国大运河遗产点
全晋会馆

左图　全晋会馆内景
右图　会馆河道

苏州山塘河历史文化街区

唐代大诗人白居易在任苏州刺史时，为便利苏州水陆交通，开凿了山塘河。山塘河自古就是大运河苏州段的重要组成部分，与河伴行的山塘街则是著名的历史文化名街，千年来商贾云集、游人不绝，享有“姑苏第一名街”的美名。

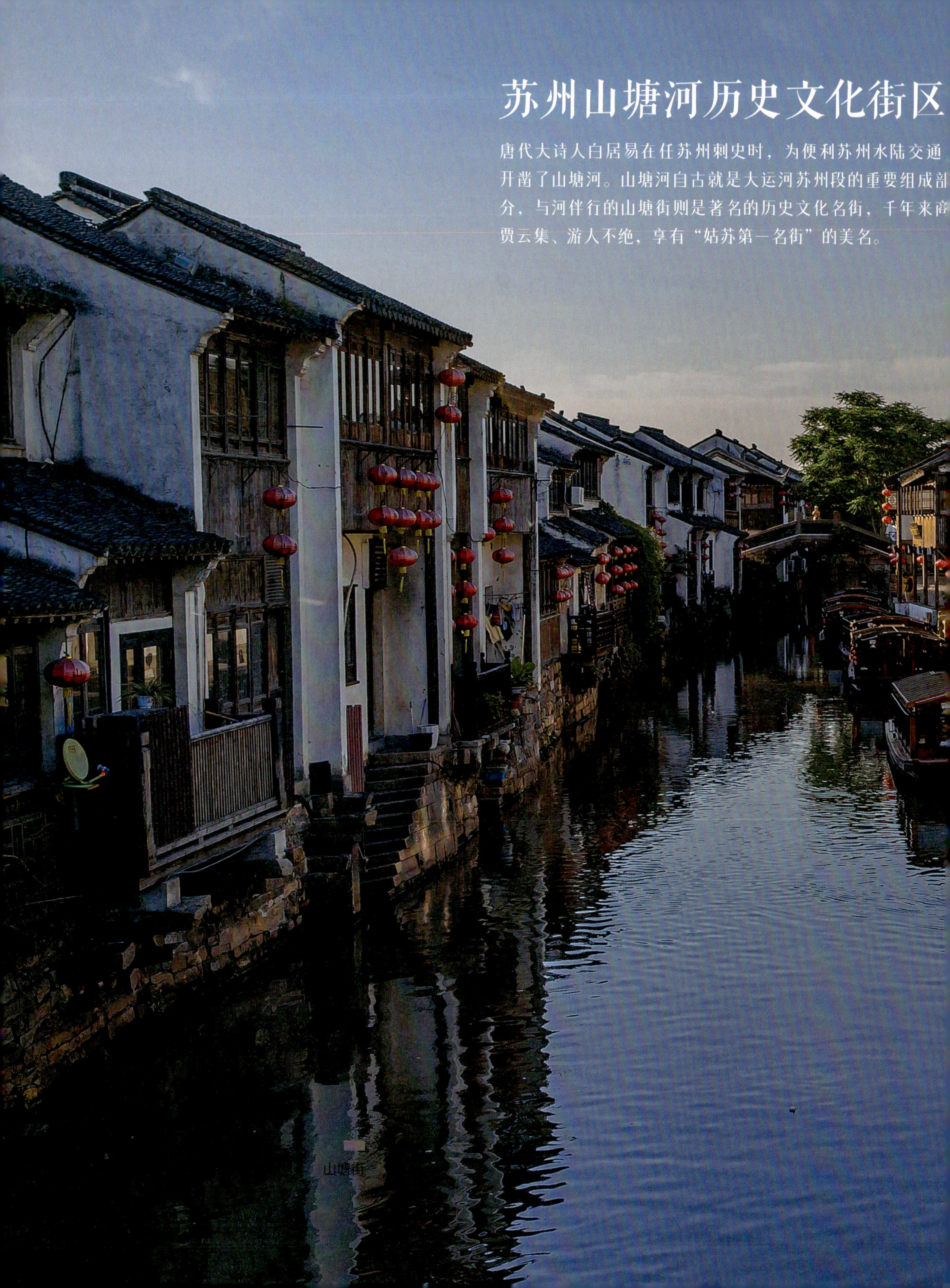

山塘街

山塘街

鸟瞰山塘街

烟雨山塘河

苏州枫桥

千年传唱，枫桥夜泊

“月落乌啼霜满天，江枫渔火对愁眠。姑苏城外寒山寺，夜半钟声到客船。”张继作此诗时恰泊船于大运河枫桥边。枫桥横跨古运河，紧依上塘河。枫桥古镇自唐朝始成为航运集散地，到了明清，经济更是空前繁荣，成为了全国最大的粮食（米豆）市场。

苏州枫桥全景

楓橋夜泊

铁岭关

枫桥景区

枫桥雪景

苏州枫桥

枫桥全景

苏州盘门

独一无二的水陆城门

自古有“北看长城之雄,南看盘门之秀”之说，盘门是我国仅存的水陆并联城门，古称蟠门，因门上曾悬有木制蟠龙且其“水陆相半，沿洄屈曲”而得名。盘门与横跨运河的吴门桥和紧依运河的瑞光寺塔被合称为“盘门三景”，由大运河紧紧联结在一起。

鸟瞰盘门

盘门水城门（两道）

盘门陆城门

水陸縈迴

运河记忆

水韵江苏·河湖印记丛书

南通

南通大生码头

（含大达内河轮船公司旧址）

大生码头是清末实业家张謇创建的大生纱厂的轮船码头，始建于 1906 年，建成于 1907 年。码头立有一个牌坊，上书“大生马头”，由张謇亲自题写。2019 年 6 月，南通大生码头（含大达内河轮船公司旧址）入围“江苏省最美运河地标”名单。

大生码头旧址

现今的大生码头

大达内河轮船公司旧址

现今的大达内河轮船公司

如皋水绘园

如皋龙游水利风景区规划总面积 25.82 平方公里，水域面积 13.14 平方公里，是由“两环（内外护城河）、两园（水绘园、龙游河生态公园）、两带（如泰运河风光带、龙游河风光带）、一湖（龙游湖）”构成的国家级城市河湖型水利风景区。

外圆内方内外护城河

上图　鸟瞰外城河宝塔

下图　鸟瞰健康桥外城河

鸟瞰水绘园

运河记忆

水韵江苏·河湖印记丛书

扬州

扬州瘦西湖

如少女般清秀婀娜的瘦西湖，被国务院列为“具有重要历史文化遗产和扬州园林特色的国家重点名胜区”，瘦西湖主要分为14大景点，包括五亭桥、二十四桥、荷花池、钓鱼台等。

春饰瘦西湖

远眺万花园

扬州高旻寺

高旻寺位于扬州市南郊古运河与仪扬河交汇处的三汊河口，是国家重点保护寺院，也是驰名中外的扬州八大古刹之一。

扬州高旻寺

扬州三湾公园

扬州地势北高南低，上游淮河流经此地时，水势直泄难蓄，漕船、盐船时常搁浅。明朝时期的古人通过将运河舍直取弯，以此来抬高水位和减缓流速，从而解决了当时作为交通命脉的运河扬州段的关键难题，体现出了高超的水工智慧。如今，曲曲折折具有神秘色彩的古运河三湾，因地制宜地配置着人文景观及休闲设施，通过剪影桥、凌波桥、听雨榭、观鸟屋、津山远眺、琴瑟桥、乐水园等构成了大型生态人文景区。

三湾湿地中的鸟类

大运河明清故道

（邵伯段、高邮段、邵伯船闸）

被列入世界文化遗产的大运河明清故道包括高邮和邵伯两段，分别长 30 公里和 2 公里，它们的形成可以用一个词来归纳，那就是“河湖分离”。早在 2500 多年前，吴王夫差开邗沟时就利用了高邮湖（时称樊良湖）和邵伯湖（时称武广湖）的前身，但是船行湖中难避风涛之险，高邮湖中就有“湖中刮小风，浪大没船头”之说，因此实现“河湖分离”就成为保证漕运安全的必由之路。从明洪武二十八年（1395）到万历二十八年（1600），随着康济河、弘济河、宝应月河、界首月河、邵伯月河先后开通，北自宝应南至邵伯，大运河河道终于与宝应湖、白马湖、高邮湖、界首湖、邵伯湖等湖泊彻底分开，奠定了明清时期大运河扬州段的主线。

1936 年中国第一座现代化船闸——邵伯船闸建成，全国瞩目。中华人民共和国成立后，从 1958 年至 2014 年，邵伯船闸先后建成一、二、三号船闸，并且不断刷新内河航运的记录。2020 年 9 月 15 日，邵伯船闸的通过量达 114.5 万吨，创下了全国内河船闸日通过量的最高记录。中国大运河申遗文本中有这样一段话：“今天的运河沉静而平稳，让人难以想象历史上的惊心动魄，然而每一股细流都无声诉说着中国古人世代的勇气、决心、智慧与牺牲。”这正是扬州境内大运河明清故道的最好写照。

邵伯船闸

邵伯明清运河故道

上图　高邮明清运河故道

下图　邵伯古码头

左图　邵伯大马头
右图　镇水铁牛

施桥船闸

（含六圩灯塔）

江苏省施桥船闸管理所位于扬州市南郊施桥镇，下游距长江仅 6.5 公里，是京杭运河苏北段自长江向北 10 个梯级过船枢纽的第一道船闸，为三线船闸。船闸坚持以用心服务为方向，竭诚为人民服务，构建船员心中的温馨港湾。船闸已保持江苏省和扬州市文明单位称号二十多年，连续多年船舶通过量超亿吨，且保持全国内河船舶通过量记录 3.45 亿吨。施桥船闸在服务运河沿岸经济的同时也起到了传承运河文化的作用。

鸟瞰施桥船闸闸区

施桥船闸引航道

施桥船闸下游航道船舶

六圩灯塔

江都水利枢纽

江都水利枢纽工程是国家南水北调东线工程的源头，被誉为“江淮明珠”。该工程具有抽江北送、自流引江、抽排涝水、分泄洪水、余水发电、保障航运、改善生态环境等综合功能，可为京杭大运河苏北段提供充足水源，让沿线城乡水源充足、旱涝无虞、生机盎然。

鸟瞰江都水利枢纽

运河记忆

水韵江苏·河湖印记丛书

淮安

淮安里运河文化长廊

（含清江大闸、河下古镇）

淮安里运河文化长廊是中国大运河流光溢彩的一段，其中古迹与遗存众多。淮安通过理水、营城、聚人、兴文策略，传承与挖掘大运河丰富的历史文化，释放世界文化遗产效应，为全国先行、引领示范作出贡献。淮安市区里运河边屹立着明代古闸——清江闸，顺河而下，即到了河下古镇，其历史可追根溯源到2500多年前。

清江浦美

图　浦楼绿意浓
图　浦楼沐霞

上图　千年河下古镇
下图　千年清江闸

岁月悠悠清江闸

淮安清晏园

清晏园有着“江淮第一园”之称，是运河上最有故事的官宦园林。若在下雪时入园，则更有意境。清代皇帝过往的书院、碑刻的文字、朱批的奏折、赏玩的湖景——处处都是经典！

图　清晏园夜景
图　清晏园雪景

淮安总督漕运公署

明清时，在淮安设总督漕运公署，主管南粮北调工作，促进了淮安的繁荣。如今，其遗址成为了中国大运河世界文化遗产点，向广大市民和游人开放。

淮安漕运总

總督漕運部院

盱眙第一山

北宋哲宗绍圣四年（1097），书画家米芾赴任涟水知军，由国都汴京（开封）经汴水南下就任，一路平川。入淮时忽见奇秀的南山，诗兴勃“京洛风尘千里还，船头出汴翠屏间。莫论衡霍撞星斗，且是东南第山。”并书“第一山”三个大字。从此，南山易名“第一山”。

盱眙第一

大运河－淮河入海水道立交

大运河–淮河入海水道立交工程坐落于国家水利风景区“淮安水利枢纽风景区”，规模堪称亚洲同类之最，气势雄伟，效益显著。三条人工河道贯越古今，运河直挂南北，灌溉总渠、入海水道横贯东西，江淮互济，船行如织。大运河–淮河入海水道立交入选了“江苏最美水地标”，是淮安地区别具特色的人文景观，已成为大运河上的一颗璀璨明珠。

鸟瞰立交航拍

洪泽湖大堤

（含三河闸、二河闸）

洪泽湖大堤——世界文化遗产，巍巍古堰，葱葱长城，长逾百里[*]，高逾二丈[**]。北起淮阴，南讫盱眙。始建于汉，成于明清。揽七河以成湖泽，凿四水以泄江海。免万顷良田于泛滥，解千万民众于倒悬。古有“刷黄蓄清，济河保运”之功，今有“南水北调，引江济淮”之效。南有都江堰，北有高家堰。何其壮哉！

---

[*]里：古代长度计量单位，一里等于500米。

[**]丈：古代长度计量单位，一丈约为3.33米。

上图　洪泽湖大

下图　绿色“海

晨光下的三河闸工程

二河闸

二河闸全貌

运河记忆

水韵江苏·河湖印记丛书

镇江

苏南运河第一标

（含谏壁船闸、谏壁闸）

谏壁江口 2 号示位标号称“苏南运河第一标”，标高 42.6 米，寓意着苏南运河镇江段 42.6 公里航道，是苏南运河最大、功能最强的示位标。谏壁船闸北临长江，南接京杭运河苏南段，是苏南运河唯一直达通江的口门船闸，常年通航的船舶遍布全国 10 余个省市，素有“江南第一闸”之美称。谏壁船闸是一座大型复线船闸，于 1980 年 7 月 11 日正式通航运行，目前已安全运行 14000 余天。自 2006 年起连续 10 余年通过量超亿吨，自 2017 年起连续两年船舶通过量和货物通过量双过亿。船闸主要承担船闸运行与维护管理、待闸锚地管理和船舶过闸管理等职责。

谏壁船闸全

谏壁闸

苏南运河第一标组图

镇江西津渡

西津渡历史文化街区位于镇江市主城西北部，地处长江与京杭大运河交汇处，是镇江文物古迹和文化胜迹保存最多、最集中、最完好的地区，是镇江“文脉”之所在。它展示着城市个性风貌，反映着城市发展脉络，是城市文化特色最集中的体现，被国家文物局古建筑专家组组长罗哲文先生赞为“中国古渡博物馆”。

西津渡全景

五十三坡

镇江博物馆

“同登觉路”券门

上图　广肇公所
下图　镇江商会

古街

丹阳万善塔

万善塔位于丹阳城东古运河宝塔湾（今万善公园）中，初称万寿塔，建于明崇祯十年(1637)，距今有380多年的历史。宝塔湾又称为转河，建于明朝万历年间，当时的知县为了迂缓水势，减慢流速，把尹公桥附近河道改凿成了弯道。万善塔从古运河河湾处拔地而起，直指苍穹，巍然屹立，雄奇挺拔，成为古城丹阳的标志。

上图　万善塔水中倒影

下图　万善塔夜景

运河记忆

水韵江苏·河湖印记丛书

泰州

泰州溱湖

姜堰溱湖国家湿地公园地处江苏中部、江淮之间，景区规划总面积 26 平方公里。其自然资源优越，生物类型多样，有国家一级保护动物丹顶鹤、白枕鹤、麋鹿，国家二级保护动物白天鹅、白鹇等。

溱湖风景区是经江苏省人民政府批准的省级风景名胜区，溱湖国家湿地公园是国家 5A 级旅游景区，是由原国家林业局批准设立的全国第二家、江苏省首家国家级湿地公园。

溱湖全景

泰州泰坝监掣官署

泰坝监掣官署，俗称泰坝。初建时，南北进深六间，东西纵向三排，大门东壁嵌有一块横石，高凤翰亲手题刻隶书“盐津总会”四个大字。大门两侧有照壁，左坊榜他亲笔题额“肃鹾裕运”，右坊榜题额“秉掣持平”。

2002年10月，泰州水利及税务部门在主城区西仓路西建大型石雕一座，展现高凤翰当时创建泰坝的情景。正面一组文字记叙了古泰州两千余年的盐业生产历史。背面所雕刻的是根据《两淮盐法志》所绘泰州盐业分司规模宏大的建筑群和清代道咸年间泰坝位置图，以及遍布泰州城区各地收购食盐的十余个官盐浦。

“素颜”稻河湾

左图　稻河古街区
右图　泰坝衙署

泰州凤城河

凤城河风景区位于江苏省泰州市城区中心，是国家4A级旅游景区，融自然景观和人文特色于一体，吸引着来自世界各地的旅游爱好者前来旅游观光。

风景区四面环水，因水成趣，将江南水乡的特色展现得淋漓尽致。凤城河畔，“江淮第一楼”望海楼与其特有的戏曲更彰显城市的文化底蕴。景区以望海楼为中心，四面辐射，桃园、老街交相呼应。望海楼始建于宋代，无数文人骚客为其留下了珍贵的墨宝。

泛舟水上，听一曲婉转的戏曲，感受这座古城带来的心灵的放松与洗涤，领略水城的风姿与魅力。依傍凤城河，以水为脉，以人为魂，集中而又完整地体现不多见的都市水韵，彰显了泰州悠久的历史文脉。

凤城胜境

水天堂

运河记忆

水韵江苏·河湖印记丛书

宿迁

宿迁水利遗址公园

宿迁水利遗址公园坐落在大运河岸边，占地面积约75000平方米，分三期建设。一期工程——宿迁水利展示馆、入口广场“动力”雕塑、翻水站遗址、油库遗址、亲水栈道、运河湾码头、“扬帆运转”水泵雕塑区；二期工程——运河往事水景广场、宿迁水利丰碑人物雕塑群，重点介绍夏禹、伍子胥、潘季驯等古代一大批优秀治水名人；三期工程——水志馆、浮桥及配套园林景观绿化设施。公园先后被评为国家水情教育基地、国家3A级旅游景区、江苏省科普教育基地等。水利展示馆的主要功能为全面向公众开展国家水情教育，传承和弘扬水文化，普及水利科学知识，引导公众认知国情水情、了解水利，增强水安全、水忧患、水道德意识，促进形成知水、节水、护水、亲水的社会风尚，进而让全社会去了解水利、关心水利、支持水利。

迁水利展示馆

上图　亲水栈道

下图　机房遗址

现代化泵站

运河往事水景广场

“扬帆运转”雕塑

宿迁龙王庙行宫

宿迁龙王庙行宫坐落于宿迁市西北 20 公里处的古镇皂河，是全国重点文物保护单位、世界文化遗产点。龙王庙行宫古建筑群原名为“敕建安澜龙王庙”，始建于清代顺治年间，改建于康熙二十三年（1684），后经雍正、乾隆、嘉庆皇帝的复修和扩建，形成了现在占地 36 亩[*]、三院九进封闭式合院的北方宫式建筑群。乾隆皇帝六次下江南，五次驻跸于此，并建亭立碑，以帑金修缮，故又俗称为“乾隆行宫”。1983 年，江苏省人民政府为了保护这一珍贵的文化遗产，公布其为省级文物保护单位。2001 年 6 月，国务院公布其为全国重点文物保护单位。2014 年 6 月，龙王庙行宫成为世界文化遗产中国大运河沿线的重要遗产点。2015 年 1 月，龙王庙行宫被评为国家 4A 级旅游景区。

---

[*]亩：土地面积计量单位，一亩约为 666.7 平方米。

宿迁洋河酒厂

“一镇堪将天下醉，神州无处不销魂。”坐落在宿迁一隅的千年酿酒古镇洋河，依托世界名企洋河酒厂，在展现中国白酒传统文化的同时，着力打造以白酒酿造、品鉴体验为核心的特色工业旅游景区。

宿迁洋河酒厂新貌